GLOOSCAP TALES

LES CONTES GLOOSCAP

GLOOSCAP TALES
& THE LEGENDS OF RED E.A.R.T.H.

WRITTEN & ILLUSTRATED BY
ROCHE SAPPIER

LES CONTES GLOOSCAP
ET LES LEGENDES DE RED E.A.R.T.H.

ÉCRIT ET ILLUSTRÉ PAR
ROCHE SAPPIER

Red EARTH Publishing
301 Rte 390
Tobique First Nation, NB E7M 4M9
rochesappier@hotmail.com
www.rede.a.r.t.h.com

ISBN 978-1-988299-07-5

Produced and printed by
Chapel Street Editions
150 Chapel Street
Woodstock, NB E7M 1H4

French translation by Edwin Okodike

Book design by Brendan Helmuth

Cover design by Matt Currie and Brendan Helmuth

Contents

Preface

It is an honour and privilege for me to be asked to write a preface to this book by the author and illustrator.

During my last year as the Lieutenant Governor of New Brunswick, Roche Sappier, the grandson of the late Dr. Peter Paul from Woodstock First Nation, came to the Government House to make a presentation of his work. This included beautiful original illustrations and renditions of legends and tales that had been passed down orally in his family from generation to generation for many years.

I was very impressed with what I saw. They were stories which he had heard and remembered from his childhood growing up in a family of such a noted historian and linguist, as Dr. Paul, or "White Pete" as he was affectionately called.

This book represents a literary milestone in the modern preservation of traditional Indigenous lore of the Wolastoqiyik and other Wabanoag tribes of long ago. It is also a vehicle that may be used to reach out to the non-Indigenous as a tool for a re-introduction of local Indigenous culture and to lay the basis of social engagement and cross-cultural education.

This book has taken years to research, develop and bring to the public those stories and mythical folk heroes of the Ancient Indigenous World. It is a beautiful presentation of artwork and legends which exemplify the magic and the mysticism of some the tribes of the Eastern Woodlands of North America.

– Honourable Graydon Nicholas,
Former Lieutenant Governor of New Brunswick

Préface

C'est, pour moi, un honneur et un privilège d'être invité à rédiger une préface de ce livre par l'auteur et l'illustrateur.

Au cours de ma dernière année à titre de Lieutenant-gouverneur du Nouveau-Brunswick, Roche Sappier, le petit-fils du regretté Dr Peter Paul de la Première nation de Woodstock, est venu à la Maison du gouvernement pour faire une présentation de son travail. Cela comprenait de belles illustrations originales et des interprétations de légendes et de contes passés oralement dans sa famille, de génération en génération, pendant de nombreuses années.

J'ai été très impressionné par ce que j'ai vu. C'étaient des histoires qu'il avait entendues et se souvenaient depuis son enfance lorsqu'il grandissait dans une famille d'un historien et linguiste aussi remarquable, comme le Dr Paul, ou «White Pete» comme on l'appelait affectueusement.

Ce livre représente un évènement littéraire marquant dans la préservation moderne de la légende traditionnelle Indigène du Wolastoqiyik et d'autres tribus Wabanoag d'il y a longtemps. Il s'agit également d'un véhicule qui peut être utilisé pour atteindre les non-Indigènes en tant qu'outil pour la réintroduction de la culture Indigène locale et pour établir les bases de l'engagement social et de l'éducation interculturelle.

On a pris des années pour rechercher, mettre au point et présenter au public ce livre consacré aux histoires et héros mythiques des peuples ordinaires du monde Indigène antique. C'est une belle présentation d'œuvres d'art et de légendes qui illustrent la magie et la mystique de certaines tribus des forêts orientales de l'Amérique du Nord.

– L'Honourable Graydon Nicholas,
ancien Lieutenant-gouverneur du Nouveau-Brunswick

Wabanaki Mythology & Legends of Creation
Glooscap and the Red E.A.R.T.H Tales

The "Land of the Wabanaki", (or Red EARTH) as this is called, is the land nearest to the sunrise and to the "Eastern Gate" where the sun first touches the earth. This is where the name of "Wabanoag" or the "People of the Dawn" originates. These Eastern Woodland Tribes including the Mi'kmaq, the Wolastoqiyik, the Penobscot, the Passamaquoddy, and the Abenaki dwell here and consider these lands holy and sacred.

In the beginning, or "Bee-chad-doo" (a long time ago) according to the oral Indigenous traditions, "Za-zeus" the Creator God made spirits and souls as companions to him. They lived in the world of spirit and were able to see and influence the physical world. Many of the spirits that were created were benevolent, beautiful, obedient and eager to do the bidding of their creator and Great Spirit.

"Glooscap" was the first spirit being created by Za-zeus. He came from the dust and the water of the Earth Mother named Kskit-Gum and was the great cultural hero of many of the Eastern Woodland Tribes. Glooscap, short for "Gell-wuz-zid-ski-dub" or very good man, was an incredibly powerful being and shapeshifter who could assume, by mere thought, any shape or size. He was full of divine wisdom and knowledge of everything. Ageless as the earth, he had immense stature and power and was part man, part animal, part plant, part mineral, and pure spirit. He was able to perform wondrous miracles as he came to the aid of the weak and the helpless.

Glooscap may be compared to other Indigenous and non-Indigenous cultural heroes such as "Orenda" of the Iroquois, Kchi-Manitou of the Ojibway, Thor of the Vikings and Osiris of the Egyptians. Considered by many tribes and peoples to be the fountainhead of all good things, it is in his honor that the Indigenous peoples of this land "smoke the pipe of peace." To many of the Eastern Woodland Tribes he was the Son of God.

This book is dedicated to the Wabanaki/Wolastoqiyik Myths and Legends of Creation which have been passed down by oral tradition from one generation to the next for thousands of years. They encapsulate many stories and tales regarding the peoples of the North American Eastern Seaboard and their mystical beginnings. It is about magic and the strength of the undying Indigenous Spirit within.

Bee-chad-doo, Glooscap Gizzy Wool-Dock-Eh. (A long time ago Glooscap did a good thing.)

La Mythologie Wabanaki et les Legendes de la Création

Glooscap et les contes rouges E.A.R.T.H

La «Terre des Wabanaki» (ou la TERRE rouge), comme on l'appelle, est la terre la plus proche au lever du soleil et la «Porte orientale» où le soleil touche d'abord la terre. C'est de là que vient le nom de "Wabanoag" ou "People of the Dawn" (Peuple de l'Aube). Ces tribus de la Forêt orientale, y compris les Mi'kmaqs, le Wolastoqiyik, le Penobscot le Passamaquoddy et le Abenaki habitent ici et considèrent ces terres saintes et sacrées.

Au début, ou «Bee-chad-doo» (il y a longtemps) selon les traditions aborigènes orales, «Za-zeus», le Dieu créateur a fait des esprits et des âmes comme compagnons pour lui. Ils vivaient dans le monde des esprits et pouvaient voir et influencer le monde physique. Beaucoup d'esprits créés étaient bienveillants, beaux, obéissants et désireux de répondre à l'appel de leur créateur et de leur grand Esprit.

"Glooscap" a été le premier esprit créé par Za-zeus. Il est venu de la poussière et de l'eau de la Mère de la Terre nommée Kskit-Gum et était le grand héros culturel de nombreuses tribus de la Forêt orientale. Glooscap, abréviation de "Gell-wuz-zid-ski-dub" ou très bon homme, était un être incroyablement puissant et un changeur de formes qui pouvait prendre, par simple pensée, n'importe quelle forme ou taille. Il était plein de sagesse divine et de connaissance de tout. Éternel comme la terre, il avait une taille et une puissance immenses et faisait partie homme, partie animale, partie végétale, partie minérɇ ɇ et d'un esprit pur. Il a été capable d'accomplir des miracles merveilleux lorsqu'il est venu en aide aux faibles et aux impuissants.

Glooscap peut être comparé à d'autres héros culturels Indigène et non Indigène tels que "Orenda" des Iroquois, Kchi-Manitou de l'Ojibway, Thor des Vikings et Osiris des Égyptiens. Considéré par beaucoup de tribus et de peuples comme la source de toutes les bonnes choses, c'est en son honneur que les peuples Indigène de cette terre "fument la pipe de la paix." Pour beaucoup de tribus de la forêt orientale, il était le Fils de Dieu.

Ce livre est consacré aux mythes et aux légendes de la création de Wabanaki / Wolastoqiyik qui ont été transmis par tradition orale d'une génération à l'autre pendant des milliers d'années. Ils encapsulent de nombreuses histoires et contes concernant les peuples de la côte orientale Nord-américaine et leurs débuts mystiques. Il s'agit de la magie et de la force interne de l'esprit eternel Indigène.

Bee-chad-doo, Glooscap Gizzy Wool-Dock-Eh. (Il y a longtemps, Glooscap a fait une tres bonne chose)

Glooscap Tales

Bee-Chad-Doo, Glooscap Gizzy-Wool-Dock-Eh. Glooscap was the Son of Za-Zeus (God) and the Earth Mother Kskit-gum. He was all powerful and a Great Light Bearer who always rose with the sun in the East. Shining and brilliant he gave the Red Earth life, love, protection, the flora and fauna and people. He was a force of nature and a shapeshifter and a creator of all things such as the elemental spirits (Silph, Salamander, Gnome, Undine and Quintessence) who he created as allies and friends to the Red Man. Glooscap's spirit is in the air, water, rocks, fire and the ether and controls all of these elements.

Les Contes Glooscap

Bee-Chad-Doo, Glooscap Gizzy-Wool-Dock-Eh. Glooscap fut le fils de Za-Zeus (Dieu) et la Mere Terre Kskit-gum. Il était tout-puissant et d'un Grand porteur de lumière qui se levait toujours avec le soleil à l'Est. Luminant et brillant, il a donné à Terre Rouge la vie, l'amour, la protection, la flore et la faune et le peuple. Il était une force de la nature et un changeur de formes et un créateur de toutes les choses telles que les esprits élémentaires (Silph, Salamandre, Gnome, Undine et Quintessence) qu'il a créé comme alliés et amis pour l'Homme Rouge. L'esprit de Glooscap est dans l'air, l'eau, les roches, le feu et l'éther et contrôle tous ces éléments.

Glooscap Meets Gwussis at Grand Falls

Bee-Chad-Doo, Glooscap Gizzy-Wool-Dock-Eh. Glooscap, in order to save his people along the Wool-ustogoog River from a great flood, had to divert the flow of water by stamping his foot down and creating a powerful earthquake which in turn dropped the ground level by over 100 feet and made the Great Falls and Gorge, thus saving many people and animals downstream. Gwussis, (little Boy) was so happy to meet Glooscap that he touched fingers with him in a sign of friendship and honor.

Glooscap rencontre Gwussis à Grand Sault

Bee-Chad-Doo, Glooscap Gizzy-Wool-Dock-Eh. Glooscap, afin de sauver son peuple le long de la rivière Wool-ustogoog d'une grande inondation, a dû détourner le flux d'eau en frappant son pied à terre et en créant un tremblement de terre puissant qui, à son tour, a baissé le niveau du sol de plus de 100 pieds et a créé le Grand Sault et Gorge, sauvant ainsi beaucoup de personnes et d'animaux tout le long de la rivière. Gwussis, (petit garçon) était tellement content de rencontrer Glooscap qu'il a touché les doigts avec lui en signe d'amitié et d'honneur.

Red E.A.R.T.H. Logos

Bee-Chad-Doo, Glooscap Gizzy-Wool-Dock-Eh. Glooscap created the Red Earth for the Red Man and his society. Red Earth was the world of ancient Indigenous magic and mysticism where all kinds of mythological creatures, spirits and entities dwelled. Red Earth, also known as Turtle Island, is held up by the strengths and beliefs of the Red Man. The owl is the symbol of good omens. Sweetgrass and White Sage are being sacrificed to Glooscap and the Great Creative Force. The acronym E.A.R.T.H. stands for Every Animal Reflects The Heavens and this can be seen in the constellations in the sky.

Les Logos Red E.A.R.T.H.

Bee-Chad-Doo, Glooscap Gizzy-Wool-Dock-Eh. Glooscap a créé Red Earth pour Red Man et sa société. Red Earth était le monde de la magie et du mysticisme Indigènes anciens où toutes sortes de créatures mythologiques, d'esprits et d'entités habitaient. Red Earth, également connu sous le nom Turtle Island, est soutenu par les forces et les croyances de l'Homme rouge. La chouette est le symbole des bons présages. Sweetgrass et White Sage sont sacrifiés à Glooscap et à la Grande Force Créative. L'acronyme E.A.R.T.H. Signifie. Chaque Animal Reflet les Cieux (C.A.R.L.C.) et cela peut être vu dans les constellations dans le ciel.

Gift of the Sweetgrass Braid

Bee-Chad-Doo, Glooscap Gizzy-Wool-Dock-Eh. Glooscap had given to the Red Man's world the gift of the Sweetgrass Braid. Salamander, the Elemental of Fire, is part of the Smudge Ceremony giving blessings to the Earth, Water, Air and the Ether. The Ceremony is to cleanse the Earth of evil and evil spirits so that a healthy environment will be created for all beings.

Le Don de Sweetgrass Braid

Bee-Chad-Doo, Glooscap Gizzy-Wool-Dock-Eh. Glooscap avait donné au monde de Red Man le Don de Sweetgrass tressée. La Salamandre, l'élémentaire du feu, fait partie de la cérémonie de Smudge donnant des bénédictions à la Terre, à l'Eau, à l'Air et à l'Éther. La cérémonie consiste à nettoyer la Terre du mal et des esprits maléfiques afin qu'un environnement sain soit créé pour tous les êtres.

Glooscap's Gifts from the Red Earth

Bee-Chad-Doo, Glooscap Gizzy-Wool-Dock-Eh. Glooscap created the "Tree of Knowledge" and this living being helped give birth to the many gifts of the Great Spirit. Among the many gifts that were created for the benefit of the Red Earth were peace, love, friendship, people, guidance, food, the elements, the elemental spirit friends, sweetgrass, white sage, wisdom, motherhood and fatherhood.

Les Dons de Glooscap de Red Earth

Bee-Chad-Doo, Glooscap Gizzy-Wool-Dock-Eh. Glooscap a créé le "Tree of Knowledge" et cet être vivant a aidé à donner naissance à de nombreux Dons du Grand Esprit. Parmi les nombreux dons qui étaient créés au profit de la Terre rouge, il y a la paix, l'amour, l'amitié, les gens, l'orientation, la nourriture, les éléments, les amis spiritueux élémentaires, l'herbe douce, la sauge blanche, la sagesse, la maternité et la paternité.

The Primal Red Earth

Bee-Chad-Doo, Glooscap Gizzy-Wool-Dock-Eh, Glooscap. with the help of his Father Za-Zeus (God) created the Primal Red Earth from the void. Before he could create people, Glooscap had to battle all kinds of evil entities, creatures and spirits that came out of that black void. Glooscap is battling Wa-Hunt (the Devil) using his fire axe and shield. His evil twin brother Mal-sum (who hates Glooscap) looks on as the animals and elements rally around their hero to defeat the fiery demon.

Terre Rouge primitive

Bee-Chad-Doo, Glooscap Gizzy-Wool-Dock-Eh, Glooscap. avec l'aide de son Père Za-Zeus (Dieu) a créé la première Terre Rouge du vide. Avant qu'il ne puisse créer des gens, Glooscap devait combattre toutes sortes d'entités perverses, de créatures et d'esprits qui sortaient de ce vide noir. Glooscap lutte contre Wa-Hunt (le diable) en utilisant sa hache de feu et son bouclier. Son malheureux frère jumeau Mal-sum (qui déteste Glooscap) regarde comme les animaux et les éléments se rassemblent autour de leur héros pour vaincre le démon ardent.

The Life of Glooscap

Bee-Chad-Doo, Glooscap Gizzy Wool-Dock-Eh. Glooscap disguised as an old Shaman is really an old grandfather tree telling the story of himself to young boys. He tells the story of the Great Shapeshifter from the time of his birth through his younger years and on to a mature spirit. The story that is spun goes all the way back to the beginning where Glooscap is separating fighting dinosaurs to the time he meets his kindred wolf spirit friend, Du-Dem (Friend) and his kindred Eagle spirit friend Kchi-Ball-Ug. (Big Eagle).

La Vie de Glooscap

Bee-Chad-Doo, Glooscap Gizzy Wool-Dock-Eh. Glooscap déguisé en vieux Shaman est vraiment un vieux grand-père qui raconte l'histoire de lui-même aux jeunes garçons. Il raconte l'histoire du Grand Shapeshifter depuis son enfance à travers ses années plus jeunes et à un esprit mûr. L'histoire qui a tourné remonte au début où Glooscap sépare les dinosaures de combat au moment où il rencontre son ami spirituel apparenté loup, Du-Dem (Ami) et son ami spirituel apparenté Eagle Kchi-Ball-Ug. (Big Eagle)

14

Glooscap's Eastern Sun Dance Ceremony

Bee-Chad-Doo, Glooscap Gizzy Wool-Dock-Eh. Glooscap had to undergo the Eastern Sundance Ceremony. Tied to Ah-Buzz, (the Ash Tree) he has eagle claw thongs cut into his chest as he cleanses himself in this pain filled ceremony. As his blood drips from his wounds, every drop creates a different animal that Glooscap names accordingly. In the background Glooscap's kindred Bear Spirit can be seen in the clouds.

Cérémonie de danse du Soleil orientale de Glooscap

Bee-Chad-Doo, Glooscap Gizzy Wool-Dock-Eh. Glooscap a dû subir la cérémonie de Dance du Soleil orientale. Lié à Ah-Buzz, (le Frêne), il a des pinces à griffes d'aigle coupées dans sa poitrine alors qu'il se purifie dans cette cérémonie remplie de douleur. Comme son sang goutte de ses blessures, chaque goutte crée un animal différent que Glooscap nomme en conséquence. Dans l'arrière-plan, l'Esprit des Ours apparenté de Glooscap peut être vu dans les nuages.

Ksit-Gum The Red Earth Mother

Bee-Chad-Doo, Glooscap Gizzy Wool-Dock-Eh. Glooscap's Mother, Ksit-Gum is creating men from the soil, air, fire, water and the ether. She has taken mud and water and has fashioned men and is breathing the "breath of life" into every one of them. Ksit-Gum is the manifestation of the Earth and is made up of all of the elements and the flora such as maize, fruits, vegetables, flowers, sweetgrass, sage and trees.

Ksit-Gum, la Mere de Terre Rouge

Bee-Chad-Doo, Glooscap Gizzy Wool-Dock-Eh. Glooscap's Mother, Ksit-Gum crée des hommes du sol, de l'air, du feu, de l'eau et de l'éther. Elle a pris de la boue et de l'eau et a façonné des hommes et respire le "souffle de la vie" dans chacun d'eux. Ksit-Gum est la manifestation de la Terre et se compose de tous les éléments et de la flore comme le maïs, les fruits, les légumes, les fleurs, l'herbe douce, le sauge et les arbres.

Noos-To-Mood, The Spirit of the Sweetgrass

Bee-Chad-Doo, Glooscap Gizzy-Wool-Dock-Eh. Glooscap created the sweetgrass as an offering to the Creator as Smudge. The spirit of the sweetgrass is "Noos-To-Mood" (He that listens and understands) and he is caretaker of the grasses of Red Earth. He stands amid a sea of sweetgrass and offers the Pipe of Peace as well as the Eagle Claw Scepter which are holy implements of the Shaman. In the back are Wolastoqiyik false face spirits.

Noos-To-Mood, l'esprit de l'Herbe Douce

Bee-Chad-Doo, Glooscap Gizzy-Wool-Dock-Eh. Glooscap a créé l'herbe douce comme une offre au Créateur comme Smudge. L'esprit de l'herbe douce est "Noos-To-Mood" (Lui qui écoute et comprend) et il est le gardien des graminées de Red Earth. Il se dresse au milieu d'une mer d'herbe douce et offre le Pipe of Peace ainsi que le Sceptre Eagle Claw qui sont des instruments sacrés du Shaman. Dans l'arrière sont les esprits faux visage Wolastoqiyik.

Ryla, The Butterfly Baby Spirit

Bee-Chad-Doo, Glooscap Gizzy-Wool-Dock-Eh. Glooscap created many spirits and creatures for companionship. One of his favorite was Ryla, The Butterfly Baby Spirit of the Woodlands who loved flitting around the forest and playing with her friends such as "Catch-cheech-nukwch" (turtle) and "Mott-a-gwass-sis" (little rabbit). Ryla spreads joy and love to all the forest creatures.

Ryla, Le papillon Baby Spirit de l'

Bee-Chad-Doo, Glooscap Gizzy-Wool-Dock-Eh. Glooscap a créé de nombreux esprits et créatures pour la camaraderie. L'un de ses favoris était Ryla, le Butterfly Baby Spirit des Woodlands qui aimait flotter autour de la forêt et jouer avec ses amis tels que "Catch-cheech-nukwch" (tortue) et "Mott-a-gwass-sis" (petit lapin). Ryla répand la joie et l'amour pour toutes les créatures forestières.

Moo-Win-We-Apid
(Bear Women)

Bee-Chad-Doo, Glooscap Gizzy-Wool-Dock-Eh. Glooscap created many spirit friends. When he created Moo-Win-Oog (The Bears) he also created Moo-Win-We-Apid (Bear Woman) as their caretaker and spirit queen. She lives in the forest and woodlands and protects her charges from all harm. She is also protector of the forest itself.

Moo-Win-Ww-Apid
(femme ours)

Bee-Chad-Doo, Glooscap Gizzy-Wool-Dock-Eh. Glooscap a créé de nombreux amis spirituels. Quand il a créé Moo-Win-Oog (les Ours), il a également créé Moo-Win-We-Apid (femme ours) comme leur gardien et la reine de leur esprit. Elle vit dans la forêt et les bois et protège ses charges de tous les méfaits. Elle est également protectrice de la forêt elle-même.

The Message from the Drum

Bee-Chad-Doo, Glooscap Gizzy-Wool-Dock-Eh. Glooscap was a kind and benevolent Great Spirit who gave his people and the Red Earth life and all the things necessary for that life. One of the greatest gifts that he had given to the world was the "Drum and its Message." The heartbeat of the Mother Earth and the Universe was given in the form of the Drum Beat and the healing powers and feeling of tranquility and harmony with all things which it brought. During festivals and ceremonies the Drum was brought out by Glooscap to grace all of his people and animal friends the blessing of the Universal Heartbeat through the Drum.

Le message du tambour

Bee-Chad-Doo, Glooscap Gizzy-Wool-Dock-Eh. Glooscap était un Grand Esprit génial et bienveillant qui a donné à son peuple et à la Terre Rouge la vie et toutes les choses nécessaires à cette vie. L'un des plus grands dons qu'il avait donnés au monde était le "Tambour et ses Messages." Le battement de cœur de la Mère Terre et de l'Univers a été donné sous la forme du Battement du Tambour et des pouvoirs de guérison et le sentiment de tranquillité et d'harmonie avec toutes les choses qu'il a apportées. Pendant les festivals et les cérémonies, le Tambour a était présenté par Glooscap pour remercier tout son peuple et ses amis animaux de la bénédiction du battement de coeur universel à travers le Tambour.

The Spirit of Mount Rockmore

Bee-Chad-Doo, Glooscap Gizzy-Wool-Dock-Eh. Glooscap decided to honor and to venerate the great leaders of the Wabanaki. He found a mountain of Red Ochre and in one night carved the faces of four great Indigenous leaders so that it stood for all of time. He carved the faces of Dr. Peter Paul of the Wolastoqiyik, Moss-oz-wid of the Wampanoag, Madockawando of the Passmaquoddies and Manitou of the Mi'kmaq.

L'esprit du mont Rockmore

Bee-Chad-Doo, Glooscap Gizzy-Wool-Dock-Eh. Glooscap a décidé d'honorer et de vénérer les grands leaders du Wabanaki. Il a trouvé une montagne d'Ocre Rouge et, dans une nuit, a sculpté les visages de quatre grands leaders Indigènes pour qu'ils demurent pour toujours. Il a sculpté les visages du docteur Peter Paul des Wolastoqiyik, Moss-oz-wid des Wampanoag, Madockawando des Passmaquoddies et Manitou des Mi'kmaq.

Gwussis finds the Little Ones

Bee-Chad-Doo, Glooscap Gizzy-Wool-Dock-Eh. Glooscap created little people called "Gigw-Lud-Moos-See-Zug" who were tiny denizen spirits of nature and lived in the waters and the woodlands. They were no more than six inches high and had the same culture, language, and customs as their larger neighbors. Seeing one was a good omen. Gwussis, on Glooscap's direction finds the lair of these tiny folks deep in the forest and watches them dance and celebrate in Glooscap's honor.

Gwussis trouve les petits

Bee-Chad-Doo, Glooscap Gizzy-Wool-Dock-Eh. Glooscap a créé de petites personnes appelées «Gigw-Lud-Moos-See-Zug» qui étaient de minuscules habitantes spiritueuses de la nature et vivaient dans les eaux et les forêts. Ils n'avaient plus que six pouces de hauteur et avaient la même culture, la langue et les coutumes comme leurs plus grands voisins. En voir un était un bon augure. Gwussis, sur la direction de Glooscap, trouve le repaire de ces gens minuscules dans la forêt et les regarde danser et célébrer en l'honneur de Glooscap.

Glooscap Plays Lacrosse with the Little Ones

Bee-Chad-Doo, Glooscap Gizzy-Wool-Dock-Eh. Glooscap was invited to play lacrosse by the Little Ones or "Gigw-Lud-Moos-See-Zug" at the bottom of the pond where they lived. Duck went after Glooscap and brought him to the place to play. Glooscap with his own lacrosse stick is about to shrink himself down to their size to play. Lacrosse is one of the sports that Glooscap introduced to his friends. It is a favorite passtime with friends.

Glooscap joue Lacrosse avec les petits

Bee-Chad-Doo, Glooscap Gizzy-Wool-Dock-Eh. Glooscap a été invité à jouer à la lacrosse avec les Petits ou "Gigw-Lud-Moos-See-Zug" au fond de l'étang où ils habitaient. Duck est passé après Glooscap et l'a amené à l'endroit pour jouer. Avec son propre bâton de lacrosse, Glooscap est sur le point de se rétrécir jusqu'à leur taille pour jouer. Lacrosse est l'un des sports que Glooscap a présentés à ses amis. Il s'agit d'un passe-temps préféré avec ses amis.

The Legend of the Sacred Mound

Bee-Chad-Doo, Glooscap Gizzy-Wool-Dock-Eh. Glooscap was protective of a sacred mound which contained the life story of a Warrior King along with his weapons, armour and clothing. He was a giant and was Glooscap's friend and lived a long, long time ago. He had a huge woolly rhinoceros for a mount, wore bronze armour, and carried a great sword, a knife, and long spears for hunting.

La legende du Monticule Sacre

Bee-Chad-Doo, Glooscap Gizzy-Wool-Dock-Eh. Glooscap était protécteur d'un monticule sacré qui contenait l'histoire de la vie d'un roi guerrier avec ses armes, ses armures et ses vêtements. Il était un géant et était l'ami de Glooscap et a vécu il y a très, très longtemps. Il avait un énorme rhinocéros laineux pour monter, portait une armure en bronze et portait une grande épée, un couteau et de longues lances pour la chasse.

The Dreamcatcher

Bee-Chad-Doo, Glooscap Gizzy-Wool-Dock-Eh. Glooscap, along with his companion and friend Malibeam, are standing on clouds while she sows dream seeds. Glooscap has brought out his Dreamcatcher to net and catch the good dreams coming from the people of Red Earth. Malsup, his evil twin, is disguised as a good spirit and has a catcher for bad dreams called nightmares.

Le Dreamcatcher

Bee-Chad-Doo, Glooscap Gizzy-Wool-Dock-Eh. Glooscap, avec son compagnon et son ami Malibeam, sont debout sur les nuages alors qu'ils sèment des graines de rêve. Glooscap a mis en évidence son Dreamcatcher piéger et attraper les bons rêves venant de la population de Red Earth. Malsup, son jumeau maléfique, est déguisé en bon esprit et il a un révélateur des mauvais rêves nommé cauchemars.

Aurora and Borealis
the Northern Twins

Bee-Chad-Doo, Glooscap Gizzy-Wool-Dock-Eh. Glooscap created spirit friends and companions when Red Earth was made from the void. He created the great Northern Twins who guarded the North Pole spiritual entrance. Aurora and Borealis were gigantic spirit helpers who were made from the light of the Sun and the elements of the Red Earth. They had sister spirits guarding the South Pole spiritual entrance and they were called Australius and Borealis.

Aurora et Borealis,
les jumeaux du nord

Bee-Chad-Doo, Glooscap Gizzy-Wool-Dock-Eh. Glooscap a créé des amis spirituels et des compagnons lorsque Red Earth a été créée à partir du vide. Il a créé les grands jumeaux du Nord qui ont gardé l'entrée spirituelle du pôle Nord. Aurora et Borealis étaient des animateurs spirituels gigantesques fabriqués à partir de la lumière du Soleil et des éléments de la Terre Rouge. Ils avaient des esprits soeurs protégeant l'entrée spirituelle du pôle Sud et s'appelaient Australius et Boreali

Glooscap on Makw-way-we Ben-Upsq (The Red Rock Mountain)

Bee-Chad-Doo, Glooscap Gizzy -Wool-Dock-Eh. Glooscap is sitting on his red ochre throne atop Makw-way-we Ben-Upsq or Red Rock Mountain. He is holding Gwa-Bid (beaver) after he had shrunk him from his gigantic size, along with his dreamcatcher. Standing watch is his friend and companion spirit Kchi-Ball-Ug the Great Eagle. From his mountain-top home he is able to see all over the Red Earth.

Glooscap sur Makw-way-we Ben-Upsq (Le Mont Red Rock)

Bee-Chad-Doo, Glooscap Gizzy -Wool-Dock-Eh. Glooscap est assis sur son trône rouge d'ocre au sommet de Makw-way-nous Ben-Upsq ou Mont Red Rock. Il tient Gwa-Bid (castor) après qu'il l'a rétréci de sa taille gigantesque, avec son Chasseur de rêve. Debout en surveillance est son ami et compagnon d'esprit Kchi-Ball-Ug, le Grand Aigle. À partir de sa maison de montagne, il peut voir partout dans la Terre Rouge.

Glooscap Goes looking for Summer (Nib-Niw)

Bee-Chad-Doo, Glooscap Gizzy-Wool-Dock-Eh. Glooscap had fallen asleep under a spell woven by his evil brother Malsum. While asleep the seasons had not been regulated and old man winter had been staying much longer than usual. Summer (Nib-Niw) was late coming to Red Earth and so Glooscap asked his whale friends (Boot-Ub) for a ride down south to find her and to bring her back so that her warmth would allow the Earth to thaw and the people to grow crops.

Glooscap s'en va chercher l' été (Nib-Niw)

Bee-Chad-Doo, Glooscap Gizzy -Wool-Dock-Eh. Glooscap s'était endormi sous un charme tissé par son malheureux frère Malsum. Pendant le sommeil, les saisons n'avaient pas été régulées et le vieil homme l'hiver a duré plus long que d'habitude. L'été (Nib-Niw) est venu tard à Red Earth et Glooscap a demandé à ses amis de baleine (Boot-Ub) de monter dans le sud pour la trouver et la ramener afin que sa chaleur permette à la Terre de dégeler et aux gens de cultiver des cultures.

42

Summer and her Companions Spring and Autumn

Bee-Chad-Doo, Glooscap Gizzy-Wool-Dock-Eh. Glooscap found the Spirit of Summer (Nib-Niw) along with her spirit companions Spring and Autumn in the far south. At Summer's right side is Spring playing the flute to announce the coming of her friend and on her left is Autumn helping to put everything to sleep for the long winter. In the very front is tiny pixie Crimson-Green the herald and companion-friend of Glooscap.

L'été et ses compagnons, Printemps et Automne

Bee-Chad-Doo, Glooscap Gizzy-Wool-Dock-Eh. Glooscap a trouvé l'Esprit d'été (Nib-Niw) avec ses compagnons d'esprit printemps et automne dans l'extrême sud. Au côté droit d'Été, Spring joue de la flûte pour annoncer la venue de son amie et à gauche, l'automne aide à faire endormir tout pendant le long hiver. Dans le front est minuscule Pixie Crimson-Green le héraut et compagnon-ami de Glooscap.

Summer Finally Arrives (Nib-Niw Badge-ee-Aw-wiw)

Bee-Chad-Doo, Glooscap Gizzy-Wool-Dock-Eh. Glooscap brings Summer and her warm breath melts Old Man Winter and allows life to come back to the Red Earth. The animals awaken from their sleep and the birds fill the air with their songs and chirping. Glooscap has just finished shrinking down Mott-A-Gwass the rabbit from its original gigantic size to its present size.

L'été arrive finalement (Nib-Niw Badge-ee-Aw-wiw)

Bee-Chad-Doo, Glooscap Gizzy-Wool-Dock-Eh. Glooscap apporte l'été et son souffle chaud fond le vieil homme l'Hiver et permet à la vie de revenir à Red Earth. Les animaux se réveillent de leur sommeil et les oiseaux remplissent l'air de leurs chansons et de chant. Glooscap vient de rétrécir Mott-A-Gwass, le lapin, de sa taille originale gigantesque à sa taille actuelle.

Gwuss-sis and the Magic Flute

Bee-Chad-Doo, Glooscap Gizzy-Wool-Dock-Eh. Glooscap had given Gwuss-sis his magic flute a long time ago at Grand Falls. This flute when played with the right intent and if a person were worthy was able to calm storms and bring beautiful weather. During the Age of Storms the Red Earth was rocked with hurricanes and tidal waves almost unceasingly until Gwuss-sis arrived and played his flute and put the storm to sleep.

Gwuss-sis et la Flûte magique

Bee-Chad-Doo, Glooscap Gizzy-Wool-Dock-Eh. Glooscap avait donné à Gwuss-sis sa flûte magique il y a longtemps à Grand Sault. Cette flûte, jouée avec la bonne intention et si une personne en était digne, était capable de calmer les orages et de faire venir du beau temps. Au cours de l'âge des tempêtes, la Red Earth a été secouée avec des ouragans et des marées presque sans cesse jusqu'à ce que Gwuss-sis soit arrivé et a joué sa flûte et a fait endormir la tempête.

The Ancient Glooscap Sphinx

Bee-Chad-Doo, Glooscap Gizzy-Wool-Dock-Eh. The people of Red Earth honored Glooscap by building a monument to commemorate all of his good deeds. Made entirely of Red Ochre it is dedicated to all of his good works and is buried somewhere in the land of the Wabanaki.

L'ancien sphinx de Glooscap

Bee-Chad-Doo, Glooscap Gizzy-Wool-Dock-Eh. Les gens de Red Earth ont honoré Glooscap en construisant un monument pour commémorer toutes ses bonnes actions. Fait entièrement d'Ocre rouge, il est dédié à toutes ses bonnes œuvres et est enterré quelque part dans la terre du Wabanaki.

Glooscap and the Bed-Ug-Eeg (Thunder Beings)

Bee-Chad-Doo, Glooscap Gizzy- Wool-Dock-Eh. Glooscap will visit his friends the gigantic Thunder Being Spirits called the Bed-Ug-Eeg up in the sky on top of the clouds. Whenever they drummed and danced together it sounded like thunder and lightning rolling across the sky.

Glooscap et le Bed-Ug-Eeg (Êtres tonnerre)

Bee-Chad-Doo, Glooscap Gizzy- Wool-Dock-Eh. Glooscap visitera ses amis, le gigantesque Thunder Being Spirits appelé le Bed-Ug-Eeg dans le ciel au dessus des nuages. Chaque fois qu'ils battaient du tambour et dansaient ensemble, cela ressemblait à un tonnerre et une foudre roulant à travers le ciel.

Glooscap on his Mount Fighting Evil

Bee-Chad-Doo, Glooscap Gizzy-Wool-Dock-Eh. Glooscap the shapeshifter has made himself gigantic in order to fight the huge evil force in the form of an evil Dragon attacking Red Earth. Riding his friend Ta-Hoss-Aum the powerful mystical stag-horse, Glooscap carries into battle his great shield, as well as his crook staff, fire axe and his magic powers.

Glooscap sur sa monture luttant contre le mal

Bee-Chad-Doo, Glooscap Gizzy-Wool-Dock-Eh. Glooscap le shapeshifter s'est fait gigantesque pour combattre l'énorme force du mal sous la forme d'un dragon maléfique attaquant Red Earth. Monté sur son ami Ta-Hoss-Aum, le puissant cheval de cerf mystique. Glooscap mène avec lui à la bataille son grand bouclier, ainsi que son crook staff, sa hache de feu et ses pouvoirs magiques.

54

Glooscap Fighting for Men's Souls

Bee-Chad-Doo, Glooscap Gizzy-Wool-Dock-Eh. Glooscap wages a war with his evil twin brother Malsup each time a person passes on into the afterlife. A Shaman celebrates the man's life with his friends while in the spirit world a great battle takes place between two powerful beings over his soul and where it goes.

Gloscap combattre pour les âmes des hommes

Bee-Chad-Doo, Glooscap Gizzy-Wool-Dock-Eh. Glooscap fait la guerre avec son malheureux frère jumeau Malsup chaque fois qu'une personne passe dans l'au-delà. Un Shaman célèbre la vie de l'homme avec ses amis alors que dans le monde des esprits, une grande bataille se déroule entre deux êtres puissants sur son âme et où elle s'en va.

My Brother the Tree

Proud he stands
In all his majestic splendour
A beautiful being of light.
Mute is he, yet strong,
A symbol of strength and resolve
Through ages of injustices
Aye,
Mute and strong is he –
My Brother the Tree

We share a commonness,
Me and my brother.
We share a oneness
Which only a few can know.
My life is his life
His life in mine
For in every sense
He is my brother,
My brother, the Tree.

He sees as I see,
He knows as I know
Of that gold and velvet bond
Which began at the beginning
And shall never end.
His life is my life
And mine, his.
Both of us are one with the Father
And the Universe;
Me and my brother,
My brother, the Tree.

We have known each other,
My brother and I,
Through countless lives and ages.
We have seen light, felt love
And watched our children grow.
All about,
The wind dances in merriment
At the joy and fondness with which
I embrace my brother,
My brother, the Tree.

Silent and compassionate,
An impressive Soul is he
To withstand the sorrow of ages
Filled with cruelty, savagery,
Hatred and fear.
To not cry out
Takes strength, indeed.
That is my brother,
Mute and strong is he,
My brother,
My brother, the tree.

When the last of brother
Finally falls as prey
To those who cannot see,
I, too, will be mute
I, too, will be strong
Like my brother,
My brother, the Tree.

Roche Sappier

About the Artist and Author

Roche Timothy-Francis Sappier BBA, BA, is a Wolastoqiyik from the Tobique First Nation in northwestern New Brunswick, Canada.

He is a writer, researcher, historian, social innovator, entrepreneur and a self-taught artist who is the grandson of the late Dr. Peter Paul, a noted Indigenous historian, scholar, linguist, artisan, cultural advocate, Elder and Order of Canada and Order of New Brunswick recipient. Dr. Paul worked with Harvard University and the University of New Brunswick for many years.

Roche has an intense interest in ancient civilizations and has studied the Indigenous cultures of Canada, the United States, the British Isles, Europe and Australia. His passion for folklore, myths and legends is driven by the desire to better understand all people and to fill in the vital cultural stories and events that contemporary history books often neglect. Roche is an experienced teacher in art, design and Indigenous craftwork. He works in a variety of mediums including wood and stone carvings, oil and acrylic paintings, leatherwork, beadwork and wearable designs. His creations point to a sense of magic, mysticism and mystery in his depictions of the "Glooscap Tales & the Legends of Red E.A.R.T.H.".

He lives with his wife and two daughters in the Tobique First Nation Community. He is an avid environmentalist and conservationist.

À propos de l'artiste et de l'auteur

Roche Timothy-Francis Sappier BBA, BA, est un Wolastoqiyik de la Première nation de Tobique dans le nord-ouest du Nouveau-Brunswick, au Canada.

Il est écrivain, chercheur, historien, innovateur social, entrepreneur et artiste autodidacte qui est le petit-fils du regretté Dr Peter Paul, un historien, érudit, linguiste, artisan, défenseur culturel, Ancien remarquable et récipiendaire de l'Ordre du Canada et de l'Ordre du Nouveau-Brunswick. Le Dr Paul a travaillé pendant de nombreuses années avec l'Université de Harvard et l'Université du Nouveau-Brunswick.

Roche s'intéresse intensément aux civilisations anciennes et a étudié les cultures Indigènes du Canada, des États-Unis, des îles britanniques, de l'Europe et de l'Australie. Sa passion pour le folklore, les mythes et les légendes est motivée par le désir de mieux comprendre tous les peuples et de compléter les histoires culturelles vitales et les événements que les livres d'histoire contemporains négligent souvent. Roche est un enseignant expérimenté dans l'art, le design et l'artisanat Indigène. Il travaille dans une variété de médias, y compris les sculptures en bois et en pierre, les peintures à l'huile et acryliques, ouvrage d'art en cuir, en perle et en dessins portables. Ses créations indiquent un sens de la magie, du mysticisme et du mystère dans ses représentations des «Glooscap Tales & the Legends of Red E.A.R.T.H.».

Il vit avec sa femme et ses deux filles dans la communauté de la Première nation de Tobique. Il est un environnementaliste et écologiste passionné

CPSIA information can be obtained
at www.ICGtesting.com
Printed in the USA
BVOW05s0236110917
494525BV00024B/361/P